edition taberna kritika

Die edition taberna kritika wird vom Bundesamt für Kultur (CH) mit einem Förderbeitrag für die Jahre 2021-2024 unterstützt.

Hannes Bajohr
RENGA ANGER
Alle Rechte vorbehalten

© edition taberna kritika, Bern (2022)
http://www.etkbooks.com/
Gestaltung: etkbooks, Bern
Coverillustration: Hannes Bajohr

Bibliografische Information der Deutschen Nationalbibliothek: Die Deutsche Nationalbibliothek verzeichnet diese Publikation in der Deutschen Nationalbibliografie; detaillierte bibliografische Daten sind im Internet über http://www.dnb.de abrufbar.

ISBN: 978-3-905846-67-6

Hannes Bajohr

RENGA ANGER

Mit einem Nachwort
von Anna Luhn

edition taberna kritika

Inhaltsverzeichnis

RENGA ERNGA NREGA RNEGA ENRGA NERGA
GERNA EGRNA RGENA GRENA ERGNA REGNA
RNGEA NRGEA GRNEA RGNEA NGREA GNREA
GNERA NGERA EGNRA GENRA NEGRA ENGRA
ANGRE NAGRE GANRE AGNRE NGARE GNARE
RNAGE NRAGE ARNGE RANGE NARGE ANRGE
AGRNE GARNE RAGNE ARGNE GRANE RGANE
RGNAE GRNAE NRGAE RNGAE GNRAE NGRAE
EGRAN GERAN REGAN ERGAN GREAN RGEAN
AGERN GAERN EAGRN AEGRN GEARN EGARN
ERAGN REAGN AERGN EARGN RAEGN AREGN
ARGEN RAGEN GAREN AGREN RGAEN GRAEN
NRAEG RNAEG ANREG NAREG RANEG ARNEG
ERNAG RENAG NERAG ENRAG RNEAG NREAG
NAERG ANERG ENARG NEARG AENRG EANRG
EARNG AERNG REANG ERANG ARENG RAENG
GAENR AGENR EGANR GEANR AEGNR EAGNR
NAGER GNAER NGAER AGNER GANER GENAR
EGNAR NGEAR GNEAR ENGAR NEGAR NEAGR
ENAGR ANEGR NAEGR EANGR AENGR ANGER

paz_roubaud_sanguineti_tomlinson_renga_1971

alfabetos, números: *nous dirons vos naissances latentes,*
erótica, la chatarra de la era industrial,
at pitch of neve) ta lueur de louve *(aloof!)* sémillante
		i nostri nomi sono indecifrabili,

qui flambe sur la quiétude des palissades
In hand Eros and laughing Ceres reassume the land:
Avec un requin, oui. Mais, mon cher Lautréamont
		oui heureux à courir

questi cavalli; tra questi colori del giorno; in queste
window-blinds.
the river and the buildings are passing you by !

colours clean: in the eyes' paradise the nail a moonshard:
tua lingua è la mia ruota, Terra del Fuoco, Terra di Roubaud)
que sobre inmensas páginas de polvo —Punjab, Bihar,

and stones of the city to discover there
But Baucis and Philemon (superannuated lovers) disappeared
les bicyclettes et leurs mômes blondes, les rosiers des ambassades
o sweet ciego rojo limp al punto de la rota

musique   une   et je disais
Come mi trascino (3 *vert*), sopra le terrazze del tuo regno!
Sílabas emigrantes, burbujas
colours clean: in the eyes' paradise the nail a moonshard:

semillas, pueblos, razas enterradas: ¡tiempos!
cada página un día, cada día el asombro
La moitié de Veau s'assombrissait   la moitié

[Nota (¿en nahuátl?): Occidente dice: «Eros and Ceres,
oggi, *Pop-poet*, in questa cripta, per questo *jeu de mots*]:
afuera, los trenes, los aviones, *les départs* — ¿dónde es afuera?

        ma, in noi, i turisti vedono amore:
and coming night, desireless now, save to give
Ma i miei profili ridevano dentro poltrone vuote, sopra pareti sepolte,
comme les dents de l'encre dans un buvard

nadie sino esta espiral somnílocua,
(O mathématiques sévères !) on ne peut s'accoupler
of the statuary messengers that crown
entre la maleza oscura, la espuma y sus profecías.)

da, niega, da (labios, dientes, lengua) sus sentidos:
El sol marcha sobre huesos ateridos:
nuda: il tuo ombelico è l'occhio del mio albero, aperto

y la espiral se despliega y se niega y al desdecirse se dice
            on t'oblige pas [a] te le lire :)
laissant mes empreintes dans la cendre d'une cigarette

leurs manières de mémoire : des phrases qui se divisent
But Baucis and Philemon (superannuated lovers) disappeared
     température   (une   limace)
Naranja, poma, seno esfera al fin resuelta

trombe di grammofono per il pennello delle mie dita,
i franchi sfavarevolemente cambiati, gli indirizzi nel taccuino,
Scherzo dopo andante (e perché no?) scherzo ambulante
cero rebosante, gota de tiempo diáfano, presencia sin reverso.

window-blinds.
dentro la faccia incerta dei figli
je m'essouffle contre la laine que tu pavanes

earth, bitter our apple, who at the last will hear
Lo dado es el afuera (el horizonte en que nos internamos)
y Palabra una — convergentes transparencias.

(io vedo zoccoli); (io ascolto code): giuoco a scacchi; (2 *blanc[s]*):
je te serre sans force avec de l'ozone avec de la paille
El sol marcha sobre huesos ateridos:
ground, branches a tree of tongues, twining of voices,

Ash and the third day's darkness. Not "speech", but this
perché le tue labbra sono labirinti di marmellata,
Le même ensevelissement féroce nous sépare de la pierre
Sade: lo que no decimos; Rousseau: lo que no hacemos.]

caen las pavesas del incendio genital:
            ma, in noi, i turisti vedono amore:
the flux runs gleaming: rivermap of a hand:

that teaches itself under the touch and sight:
(non *la* langue, mais *cette* langue) ceci est le seul arbre
a mezzanotte, cortesi passanti confermavano le nostre strade)

(pourtant)
			ici dans ce vent
		avec un éléphant :
aime... criaient-ils   aime   c'est le repos

more than number, and Ceres swell-out the ciphers:
		"In the darkness enveloping the room and his heart";
tú por un jardín de reflejos, un enrejado de miradas.
et retourne vers la fatigue spacieuse

earth, bitter our apple, who at the last will hear
cette ligne de banderilles, cet œsophage de latex
in whose creation I had no part, which enters me now

Cesa el sueño: comienzan los lenguajes:
[Commentaire (1180): Arnaut: «pois floris la seca verga... (etc:..)»
O Sade, Rousseau — *utopies sexuelles* —

je m'essouffle contre la laine que tu pavanes
que sobre inmensas páginas de polvo —Punjab, Bihar,
il 30 marzo ero già un teschio, nell' ombra del suo immenso cappello di feltro:
je suis banquise de tes fourrures, je suis doublon de tes boucles

These hands restore us
1 *rouge* (nella mia nebbia) ; dolce; 4 *noir (s):* (severe!), inverno, tempo:
est   « herbe coupée de ses racines   si
1 have become four voices that encircle

both image and other; marriage or loss
leurs manières de mémoire : des phrases qui se divisent
nombre du puits des feuilles ouvres en tremblant *(tremor*

Ama gritaban ama la ligereza
(caracola, amonita, casa de los ecos),
despoiled now of its pitch of leaves, awaits

paz_roubaud_sanguineti_tomlinson_tomlinson_renga_en_1971

amid undergrowth (below your arch night is asleep,
more than number, and Ceres swell out the ciphers:
gramophone horns for the brush of my fingers,
and irrefutable quotation: gift

out of perspex debris, post-card landscapes,
day by day (the nights are this *canso capfinida*)
And I said
in   (also)

sun which draws back on itself, center, axis, vibration which explodes, star-skull:
"Worn out by dreams"! I turn toward other bees
Among ruins which are filth: tin cans, portraits

I repeat your music at the start of each laisse
time is weighed and heard incarnate, as word on word
outside, trains, planes, *les départs* – where is outside?

like the teeth of ink into a blotting paper
Books of ivy, books of no hours, liberty's books:
March thirtieth I was a skull already, in the shadow of her immense felt hat:
with its images in quotes, briars (polemical soliloquies)

[Note (in Nahuatl?): the West says "Eros and Ceres
Crossing the *Pasaje de la Visitación*, she said:
earth, bitter our apple, who at the last will hear
venditore di reliquie, of rotten apples, Persephone, perspex,

The given is ground. You are bound by it
scene: your navel is the eye of my tree, wide
city, we saw not what did move":

sweet blind and limp at the center of the wheel
and you choose, then, at last in haste, in the middle of all this, as one chooses a dress *chez Tiffany:*
ground, branches a tree of tongues, twining of voices, a madrigal.

I grasp you with the weak fingers of these brackets of mine)
and go back to a spacious tiredness
speech of contingencies and quiddities – held
your lips are chapped:

measure and dreams: through the conduit of stone
to a natural and thus more human
these lines that are life-lines,
and in the to-and-fro of syllables in search

I have cultivated mushroom and fern on the beaches of your lakes:
Outside, the river and its drowned palaces,
despoiled now of its pitch of leaves, awaits

across my page run graceful mice in their ring-of-roses.
the basin bubbling over with blackberries onto the embers (*Capodimonte*,
    things received out of the distances

spools of forgotten films – hand
but ready to depart now:
because more than human lineage:
second-hand clothes shop, debris of the industrial era,

of the topmost branches   far below heavily hung the
over immense pages of dust – Punjab, Bihar,
    "Smoking to the right";
money exchanged (unfavorably): addresses in one's notebook,

March thirtieth I was a skull already, in the shadow of her immense felt hat:
calligraphy and confusion of boughs on air:
Rain into the carnage of the trees, among the words of the subterranean sentence so far away

out of perspex debris, post-card landscapes,
under it a vine, a stork [something which changes])
of marriage, meaning, what I find

Princes! tomb and showcase, I heaved up ghostly saliva:
        happy, like this, we hurrying, in this wind, and off! riding
amid undergrowth (below your arch night is asleep,
I have cultivated mushroom and fern on the beaches of your lakes:

I grasp you with the weak fingers of these brackets of mine)
all serious: they need politics here);
another time, the ancient cavern (cenozoic) half-open and –
and resurrection with no name of my own

colors clean: in the eyes’ paradise the nail a moonshard:
city, we saw not what did move”:
gives, denies, gives (lips, teeth, tongue) its meanings

speech of contingencies and quiddities – held
my jaw gnawed its syllables of sand:
girded the weapons of the autumn frost over our garments of forbearance …”)

Together we read (*fourmis perdues*) the scraps
        our names are indecipherable,
        they are practicing the second level:
(inside landscapes or there – just – in the margin: landscapes of the earth

cages of phosphorus for the obelisks of my zoo,
and in the to-and-fro of syllables in search
ground, branches a tree of tongues, twining of voices, a madrigal.
hardens little by little into a last paunchy exuberance of bottles:

"And at the end of epochs, I find myself once more
(Through *"the pane of abstraction and contemplation*
between the image of it and your face:

    stations far removed from crickets:
this line of banderillas, this windpipe of latex
but Baucis and Philemon (superannuated lovers) disappeared

which are revolutions:
(1 *rouge aveugle*) rolled up the landscape for the manufacture
the hollow of water where I had lived badly:
            and with a new tie:

        happy, like this, we hurrying, in this wind, and off! riding
which is the exterior of things – well disposed as exteriors –
your tongue is my wheel, *Tierra del Fuego, Tierra de Roubaud*)
I grasp you with the weak fingers of these brackets of mine)

Bengal – scribbling their senseless discourse …)
brimming zero, iota of diaphanous time, Presence without reverse.
of the air   a black round entered

Mythless I enter my present, my native land
Sade: what we don't say; Rousseau: what we don't do.]
March thirtieth I was a skull already, in the shadow of her immense felt hat:

paz_roubaud_sanguineti_tomlinson_roubaud_renga_fr_1971

(Arès, Èros), l'écriture respire : mer nuptiale.
de l'air   une ronde noire entrait dans l'eau
Ces mains nous rendent
hors du noir   dans un chemin noir   nous entrions

dissout les miroirs : hammam des morts
fontaines et draperies de Goujon, eau de pierre qui coule
j'ai versé des liqueurs livides entre les pages de ton calendrier
jour à jour (les nuits sont cette chanson qui se desserre)

(et Jean dit sévèrement : on a besoin de politique, ici)
Il n'y a plus personne dans la chambre souterraine
à peine nommés, archipels errants,

démangeaison de mes paupières, épée de l'iris, scène
bassine bouillante de mûres sur des braises (Capodimonte,
d'un soleil qui pèse dans les branches

entre les broussailles obscures l'écume et ses prophéties)
de l'un vers l'autre, sourire — cependant des fontaines criaient,
Car la pierre peut-être est une vigne
        ainsi, heureux, nous, à courir, dans ce vent, allez ! et sur

laissant mes empreintes dans la cendre d'une cigarette
les bicyclettes et leurs mômes blondes, les rosiers des ambassades
« comme se noie une pierre dans l'herbe… ») (kokoro no kami — l'obscurité du cœur)]
les livres portant les dédicaces : selon une évidente poussée centrifuge, vers telle

Alphabets, nombres : *nous dirons vos naissances latentes,*
seins de la Vénus au chapeau de Lucas Cranach, serpent pagaille)
Sade : ce que nous ne disons pas ; Rousseau : ce que nous ne faisons pas]

de la phrase souterraine   si loin
ville de Mansart, Lemercier, Le Vau, Bruant.
de Butor, le magnétophone avec les voix des enfants,

tu me regardes depuis ton corps (hors du temps)
couple de la Villa Giulia (oiseaux étrusques : bleus puis rouges)
et dehors aussi notre intérieur
Ainsi, ma sphère, ainsi en moi, suspendue, tu rêves : tu soufflais, tendre, un ciel, et en moi je cherche
des pôles, si ta

je m'essouffle contre la laine que tu pavanes
céréales de Cérès, grenades de Proserpine,
si tu griffes, t'éloignant, une trace [ongle de neige
le dedans (la ressemblance que nous inventons). Donné : le loin.

aujourd'hui, poète pop dans cette crypte, par ce jeu de mots]
du bavardage et des commencements, lieu où pour la première fois
mon dictionnaire, mon algèbre, ma seule langue I

parole de hasards et de trucs-retenue
et (publié par Feltrinelli) *Le chapeau de feutre de Sanguineti :*
(Quelqu'un, sans nom, descendit, égaré, à la chambre

personne, hormis cette spirale somnambule,
calligraphie et confusion de rameaux en l'air
l'exercice des preuves est une drogue placide
la nuit venant, sans désir maintenant, sinon de rendre

Et l'obscurité nourrit les jours et ce toit qui balance
la couleur réduite d'une munition de fleurs
à peine prononcée — et t'annulent toi-même
pleurent dans les bas-reliefs : et nos noms sont indéchiffrables

        on t'oblige pas [a] te le lire)
(je te reconnais dans le vin dans la pierre
hors de cette Babel souterraine   lieu

image et autre ; mariage, perte
tu me regardes depuis ton corps (hors du temps)
les vitres douchées de bière solaire, pastorale :

mais Philémon et Baucis (amants en retraités) disparurent
la lune : j'entre dans l'alcôve des paupières, ton œil
        ainsi, heureux, nous, à courir, dans ce vent, allez ! et sur
Ces mains nous rendent

Alphabets, nombres : *nous dirons vos naissances latentes,*
Moi par un tunnel de voyelles humides,
aime... criaient-ils   aime   c'est le repos
si tu griffes, t'éloignant, une trace [ongle de neige

le 30 mars j'étais déjà un crâne à l'ombre de son immense chapeau de feutre
les bouches du métro déjà fourmilières.
et encore une troisième fois (p. 42) :

pleurent dans les bas-reliefs : et nos noms sont indéchiffrables
de l'un vers l'autre, sourire — cependant des fontaines criaient,
et aussi sous les paysages, dans les chambres souterraines,

Ainsi nous sommes demeurés, année après année, muets, sans expression, étendus
semences, peuples, races enterrées : âges !
        d'arbres confus
les vitres douchées de bière solaire, pastorale :

vendeur de reliques, de pommes pourries, Perséphone, plastique,
Ce matin-là je sortis au bras d'un cheval harnaché
je déambule parmi tes lices de patelles
je te serre avec les faibles doigts de mes parenthèses)

(Arès, Èros), l'écriture respire : mer nuptiale.
Il disait (A noir   E blanc   I rouge   U vert) « O c'est
personne, hormis cette spirale somnambule,

(ignorées) les piliers de la gare d'Orsay
quand l'ombre rassemblée sous la lèvre
Mais Jacques a apporté des livres japonais, le troisième jour; et j'ai

ce cri d'amour ?
(coquillage, ammonite, demeure des échos)
main dans la main, etc. » mais *pratique* (sans le dire) *les 120 journées*
Le soleil marche sur des os transis :

de l'air   une ronde noire entrait dans l'eau
à peine prononcée — et t'annulent toi-même
une eau t'invite suis là » aime   criaient-ils
— figures étroitement enlacées :

hors de cette Babel souterraine   lieu
et dehors aussi notre intérieur
tout ce que j'ai pris d'une main qui bouleverse

le dedans (la ressemblance que nous inventons). Donné : le loin.
mouches sur le grain du papier, herbes
lever de lune sous les nuages; vague, vaine

paz_roubaud_sanguineti_tomlinson_paz_renga_es_1972

ahora: listos para partir —las reservas de sobra confirmadas,
ésta o aquella universidad lejana, con una corbata nueva.
de una mano) y ella misma, tal vez, el agua,
Una vez más nado en tu río,

guía nigromante que se escribe arborescente Impresión de África
En mi página corren en corro graciosos ratones.
Y el habla sin gestos de las cosas se desata
y comienzos, lugar en donde se pesa al tiempo

bobinas de películas olvidadas —mano
repito tu música al comienzo de cada estrofa
mano en la mano, etc. . pero practica (sin decirlo) las 120 jornadas.

tú me miras desde el tuyo (es deshora)
cereales de Ceres, granadas de Proserpina,
entre los términos de la frase subterránea

El sol marcha sobre huesos ateridos:
yo me sofoco contra la lana en que te pavoneas
el rechinido de la tiza una sibila sin labios
    no te obligan [a] leértelo:)

guía nigromante que se escribe arborescente Impresión de África
tazas hirvientes de moras sobre brasas (Capodimonte,
Cesa el sueño: comienzan los lenguajes.
en cuya creación no tuve parte y que ahora

en busca de un hogar. (¿Soneto = amonita?)
la piedra donde las hormigas lanzan su ácido
grises gabardinas sobre sus ramas   tus

Ni los objetos ni las anécdotas sino los sones, sus huellas,
que son diálogos cortados al montaje —regreso, de nuevo,
libros de yedra atravesados por una rápida blancura

la helada de otoño ciñó nuestras vestiduras de indulgencia. . .)
La mitad del cielo se ensombrecía   la mitad
¿Dónde —y qué? ¿Qué es "afuera"? Aquello
que sobre inmensas páginas de polvo —Punjab, Bihar,

abres y cierras (paréntesis) los ojos como este texto
Oh Sade, Rousseau –utopías sexuales–
ciudad de Mansart, Lemercier, Le Vau, Bruant.
moscas sobre el grano del papel, hierbas,

en la mano Eros y la riente Ceres recobran esta tierra:
cuando yo era *Simón el Estilita* en cines fúnebres:
dans le boudoir) y el segundo nivel (escénico) no es practicable, vgr.—

el ejercicio de las pruebas es una droga plácida
                    practican el segundo nivel:
de una mano) y ella misma, tal vez, el agua,

Pero Baucis y Filemón (amantes jubilados) desaparecieron
apenas nombradas, archipiélagos errantes,
donde cantan las suaves fuentes del ultra-violeta,
Y yo decía: así, felices, nosotros, al correr en este viento:

He grabado en mi frente las arrugas de tu útero,
Y amor no más un mandamiento y a cada uno
el hueco de aquella agua donde yo había mal vivido:
vejigas de paisajes   ama   cuando todo

las bicicletas y sus muchachas rubias, las rosaledas de las embajadas,
(había que hacerlo: la luna sepia estaba al borde de lo oscuro)
(no *la* lengua: *esta* lengua) éste es el solo árbol

¿Inventamos? Más bien: desciframos: texto
no nacidos, tus ostiones de agua dulce.
El dijo Ella dijo (verde ondulante techo sobre

El dijo Ella dijo (verde ondulante techo sobre
vendedor de reliquias, manzanas podridas, Perséfona, perspex,
los actos de amor en un cuarto de la rué Montalembert (III piso) ,
en la colectivización de jardines y viñas y el inspector de gramófonos

                    en este viento
da, niega, da (labios, dientes, lengua) sus sentidos:
por la *rué du Dragón*, desciendo tus escaleras:)
de boda, de sentido, yo lo que encuentro

bobinas de películas olvidadas —mano
las bicicletas y sus muchachas rubias, las rosaledas de las embajadas,
con un tiburón, sí. Pero, mi querido Lautréamont

en   (también)
entra en mí, imagen y otro —boda o pérdida de memoria:
Perséfona, mi ciudad: brota de tu pródigo suelo

las bocas del metro son ya hormigueros.
la boca de la gruta, lápida que abre, abracadabra,
corales de coral en el caracol de tu oído.
los modos de su memoria: frases que se dividen

la luna: entro en la alcoba de párpados, tu ojo
Esa mañana salí del brazo de un caballo enjaezado
clara la vía se muestra en la cortesía del vino y la piedra:
entre su imagen y tu rostro:

vendedor de reliquias, manzanas podridas, Perséfona, perspex,
guía nigromante que se escribe arborescente Impresión de África
                [y, para concluir, un Charles Pope

Juntos leemos (hormigas perdidas) los restos
Ama ... gritaban   ama   es el reposo
Mientras escribo caen sobre mí lunas en pedazos,

Sade: lo que no decimos; Rousseau: lo que no hacemos.
¡cómo me arrastro (3 verde) sobre las terrazas de tu reino,
(p. 42) : "fumando a la derecha"; y yo encendí un Benson, en el cuarto oscuro (Filtro especial) :
motas de polvo infinitamente pequeñas,

el 30 de marzo yo era ya un cráneo a la sombra de su inmenso
lengua es mi rueda, Tierra del Fuego, Tierra de Roubaud)
ciudad de Mansart, Lemercier, Le Vau, Bruant.
que a sí mismo se educa con el tacto y la vista:

y oída (¿resistirá la medida?)
un árbol de idiomas, voces entrelazadas, un madrigal.
"como se ahoga una piedra en la hierba") (*kokoro no kami:* ¡la oscuridad del corazón!)]

en la colectivización de jardines y viñas y el inspector de gramófonos
y mi rostro era reflejo en el agua (en el hueco
Esa mañana salí del brazo de un caballo enjaezado

paz_roubaud_sanguineti_tomlinson_helmlé_renga_de_1983

Ich drücke dich kraftlos mit Ozon mit Stroh
Jean sagte ganz ernst: aber man braucht hier Politik);
Tag um Tag (die Nächte sind dieses Canso capfinida)
und da ich mich verändert habe:

fast verwischte (wie abgeschabt mit einer feuchten Rapsel) Fotos mischend«.
Zusammen lesen wir (verlorene Ameisen) in den Trümmern
auf dem zweiten Vers eines umgedrehten Sonetts:
seine Bedeutungen (Lippen, Zähne, Zunge) gibt, leugnet, gibt:

(klarer Kopf durch Kapillarität)
wegrollt: ich trete ein in den Alkoven der Lider, dein Auge
die Prüfung der Beweise ist eine sanfte Droge

an dessen Schöpfung ich nicht teilhatte, das mich jetzt durchdringt
auf der Suche nach einem Zuhause. (Sonett = Ammonit?)
und Wort eins – konvergierende Durchsichtigkeiten.

(mit gesenktem Kopf) 1 Silbe (warum?) bohrend fragend:
Jucken meiner Augenlider, Schwert der Iris, nackte
das halbgesehene Dinge umgibt: dichte, nackte
(Durch die Scheibe der Abstraktion und der Kontemplation

und (von Feltrinelli veröffentlicht) Der Filzhut von Sanguineti:
Schnees) deinen Lichtschein einer mutwilligen Wölfin (von fern!)
        [und, um zum Schluß zu kommen, ein Charles Pope
löst die Spiegel auf: Hammam der Toten

Diese Hände geben uns
und im Hin und Her der Silben auf der Suche
(deine Farben); die Lichter deiner Stimmen: ach, wie stürze ich mich in dich, meine Kehle!

und nicht die Sprache, sondern diese Sprache) dies ist der einzige Baum
    (Tomlinson, der im Bad schlief, sagte: das ist die Natur);
Aus dem Dunkel heraus drangen wir auf einen dunklen Weg

und gehört (hält das Versmaß es aus?)
an dessen Schöpfung ich nicht teilhatte, das mich jetzt durchdringt
Sprache des Schweigens; der Tastsinn genügt,
diesen Liebesschrei?

Zur Hälfte war das Wasser trüb zur Hälfte
das hohle Wasser, in dem ich schlecht gelebt:
Figuren an den Strand zeichnend?
Boden, Bäume, Gestrüpp, Nabel, starrer Strahl

brodelnde Becken mit Brombeeren auf Braschenglut (Capodimonte,
4 Rot(e) (in meiner Nacht); dürr; 1 schwarz: (Mathematik!) o, meine Musik!
Zum Schweigen gebracht im Zusammentreffen der Asymmetrien,

Ich denke an Flüsse von perlmutternem Schlamm
    man zwingt dich nicht dich [zu] lesen:)
Er sagte sie sagte (grün-schwankendes Dach über

Und die Dunkelheit ernährt die Tage, und dieses schwankende Dach,
Oh Sade, Rousseau – sexuelle Utopien –
und da ich mich verändert habe:
Efeubücher, von einem flüchtigen Weiß durchzogen

ich wiederhole am Anfang jeden Verses deine Musik
Muschelwerk, Ammonit, leere Kammer, Leser.
Münder weiß auf dem Boden des Augenlichts.
Zusammen lesen wir (verlorene Ameisen) in den Trümmern

ein Madrigal.
rinnt glänzend der Fluß: Flußkarte einer Hand:
diese Venen-Reben.

Schlund der Grotte, Grabstein, den, Abrakadabra, der Mond
Liebe schrien sie liebe die Leichtfüßigkeit
um Anrufe über sich ergehen zu lassen, Dias, Tischsitten, die Freunde, die Klassiker mit Anmerkungen:

du durch einen Garten der Spiegelungen, ein Gitterwerk von Blicken.
Räume dort, wo keine Räume waren;
              sie spielen die zweite Ebene durch:
Boden treibt ein Zungenbaum Äste, verschlingen sich Stimmen,

und Steinen der Stadt, um dort zu entdecken
Jucken meiner Augenlider, Schwert der Iris, nackte
die sich selber lehrt durch Berührung und durch Ansicht:
    der von Heuschrecken verlassenen Bahnhöfe

Orange, Apfel, Brust, Kugel schließlich
Phosphorkäfige für die Obelisken meines Zoos,
(3. Stock), in den ersten Stunden eines Nachmittags im April 69:

Verwirrt kehrst du zurück, diffuse Verwirrung, ungewisses Insekt,
        und mit einer neuen Krawatte:
rinnt glänzend der Fluß: Flußkarte einer Hand:

Fürsten, Grab und Schrein, ich hob Gespensterspucke auf:
Denn der Stein ist vielleicht ein Weinstock
Auch unser Drinnen ist draußen
der Tinte es ist der Kaffeesatz

und schließlich aussuchen dann, hastig, inmitten von all dem, wie man
brodelnde Becken mit Brombeeren auf Braschenglut (Capodimonte,
(ich erkenne dich im Wein, im Stein:
auf den Glanz im Herzen des Nebels, der mehr entstehen läßt

und ein zweites Mal (S. 426):
(mit einem bewußten Ilozoisten usw.: und alles dies am selben Tisch!)
Ich bin von deinem Körper zurückgekehrt zu meinem (die Zeit)

    empfangene Dinge hier und da
(didaktische Gewitter, Kraken der Aufzählung)
diese Zeilen, die Lebenslinien sind,

»verbraucht von Träumen« wende ich mich anderen Bienen zu
die mit pastoralem Sonnenbier geduschten Scheiben:
(didaktische Gewitter, Kraken der Aufzählung)
du durch einen Garten der Spiegelungen, ein Gitterwerk von Blicken.

weiße Blätter oder tintenschwarze Flecken deine gabardinegrauen
gemeinsamen Gegenstand einkreisen, ein Ich bestimmend
Narziß vor seinem See oder Euklid
und Ursprungsort, Ort, wo zum erstenmal

»und nach Jahrhunderten zeige ich mich wieder
als Zahlen nur, und Ceres bläst die Ziffern auf:
Doch Philemon und Baucis (pensioniertes Liebespaar) verschwanden

Der Traum hört auf: die Sprachen beginnen:
Kalligraphie und Kunterbunt von Ästen in der Luft:
liegt klar der Weg da durch das Einvernehmen des Weins, des Steins:

paz_roubaud_sanguineti_tomlinson_helmlé_bajohr_renga_2020

Narcissus before a lake or Euclid
et l'amour n'est plus un ordre, chacun voit
Ville : nous ne vîmes pas ce qui bougeait. »
               ma, in noi, i turisti vedono amore:

"mira a la luna" y yo la miré —a ella, no a la luna;
ville de Mansart, Lemercier, Le Vau, Bruant.
Nota (¿en náhuatl?) : Occidente dice: "Eros y Ceres,
mi diccionario, mi álgebra, mi sola lengua!

comme je me traîne (3 *vert*), sur les terrasses de ton règne
jaulas de fósforo para los obeliscos de mi zoológico,
mio dizionario, mia algebra, mia lingua sola !

figure strettamente allacciate:
— figures étroitement enlacées :
your lips are chapped:

and coming night, desireless now, save to give
nuda: il tuo ombelico è l'occhio del mio albero, aperto
[Comentario (1180) : Arnaut: "después floreció la verga seca. . . (etc.) "
and beginning place, place that for the first

Gong ich schwanke unter den Kreuzzeichen deines Lachens
figure strettamente allacciate:
the water and night was half a lake:
jour à jour (les nuits sont cette chanson qui se desserre)

pris le premier livre (trad, par D. K.), une première fois, je l'ai ouvert, et j'ai lu (p. 138) :
and *you* choose, then, at last in haste, in the middle of all this, as one chooses a dress *chez Tiffany:*
porque tus labios son laberintos de mermelada,

Ni les objets, ni les anecdotes, mais les sons, leurs traces
y regresa a la fatiga espaciosa
prêts à partir, maintenant : les indications antérieures largement confirmées

d'acteurs, sonnets, excrément : le soir d'un dimanche, dans la campagne
Ashes and end.
breasts of Lucas Cranach's Venus with a hat, disorder's serpent)
das hohle Wasser, in dem ich schlecht gelebt:

tú por un jardín de reflejos, un enrejado de miradas.
unendlich kleiner Staubkörner
cada página un día, cada día el asombro
the way lies clear through the comity of vine, of stone:

se fige peu à peu dans une dernière exubérance de bouteilles
Respiration caline de colline, effroi
in Hand nehmen Eros und die lachende Ceres das Land wieder in Besitz:

dans sa création, il me pénètre maintenant,
flies on the grain of the paper, grasses
    jenseits der Kugeln und der Brücken

piangono nel bassorilievo
et la deuxième fois (p. 426) :
Er sagte sie sagte (grün-schwankendes Dach über
(O strenge Mathematik!) man kann sich nicht mit einem Elefanten paaren:

pero la dureza de la realidad rechaza
(cabeza límpida por capilar idad)
in uttering, annul – and you they annul, yourself
            [y, para concluir, un Charles Pope

la Plaza de los Vosgos bajo un sol que yo no escogí:
das hohle Wasser, in dem ich schlecht gelebt:
El dijo Ella dijo (verde ondulante techo sobre

Rain into the carnage of the trees, among the words of the subterranean sentence so far away
ruhend schon liebe die Festigkeit
leggo, con te, oracoli elementari — alla stazione Havre-Caumartin, per esempio,

day of rest   it is mud in caffeine
oggi, *Pop-poet*, in questa cripta, per questo *jeu de mots*]:
Boden treibt ein Zungenbaum Äste, verschlingen sich Stimmen,
la lueur au cœur de la nuée qui fera naître

où chantent les fontaines suaves de l'ultraviolet
your lips are chapped:
underground, saying: *Je cherche une valise.* And I saw
c'est la femme donnée, la présence non mythique

Nicht Gegenstände noch Anekdoten, sondern Töne, ihre Spuren
(with *un ilozoiste conscient*, etc.: and all at the same table):
measure and dreams: through the conduit of stone

entre su imagen y tu rostro:
die mit pastoralem Sonnenbier geduschten Scheiben:
sa tache d'encre dans les rides de la pierre vieillie :

ouvert de chaînes et de fouets : aiguille dans mes veines
entre su imagen y tu rostro:
Tra rovine che sono immondizie: scatole di latta, ritratti
mange mon ombre dans l'arène fauve de ton ventre.

There is no-one now in the underground room
und kehr zurück zur geräumigen Mühsal
(Rumeur de fleuve enchaîné : le métro.
mi mandíbula mordía sus sílabas de arena:

o my America, my new-found-land explored,
cages of phosphorus for the obelisks of my zoo,
mientras la forma premonitoria que llevamos desde el primer momento

and the spiral unfolds, denies and, in countersaying, says itself
sta scritto, in matita enera, in grande:
                    ils pratiquent le second niveau :

Nota (¿en náhuatl?) : Occidente dice: "Eros y Ceres,
la Plaza de los Vosgos bajo un sol que yo no escogí:
bobinas de películas olvidadas —mano
y me he vuelto cuatro voces que rodean

the exercise of proofs is a placid drug
Samen, Völker, begrabene Rassen: Zeiten!
(un *Tory anarchist*), *in the collectivisation of poetry*
(A través del vidrio de la abstracción y la contemplación

Maß und Träume: durch die Steinröhre
(yo veo pezuñas) (yo escucho colas): yo juego al ajedrez (2 blanco[s])
questi cavalli; tra questi colori del giorno; in queste

qui, sur d'immenses pages de poussière — Punjab, Bihar,
Luftblasen, Leidenschaftsalgebra:
Erde, bitter unser Apfel, wer hört schließlich schon

RENGA ANGER, ein Nachwort

«La raison de cette forme est
dans sa multiplication»[1]

renga {{ja}}. In einem Pariser Hotelkeller kommen Ende
März 1969 die Dichter und Übersetzer Octavio Paz, Jacques
Roubaud, Charles Tomlinson und Edoardo Sanguineti zu-
sammen. Sie haben sich zu einem kollektiven Schreibexpe-
riment verabredet: Gemeinsam wollen sie ein poetisches
Werk erschaffen, in dem ihre lyrischen Stimmen zusam-
menfinden. In fünf Tagen entsteht *Renga*, ein «Gedicht aus
Gedichten»:[2] ein lyrischer Zyklus, numerisch unterteilt in
vier Reihen, die jeweils sieben (einmal sechs) Gedichte um-
fassen. Der Titel des Werks ist zugleich eine Reverenz, denn
als Ausgangspunkt und Vorbild ihrer Unternehmung dient
Paz, Roubaud, Tomlinson und Sanguineti eine traditionelle
poetische Form, deren Wurzeln im Mittelalter liegen und
deren Hochzeit das 15. Jahrhundert war: Das japanische
Renga bezeichnet ein Kettengedicht, das in Anwesenheit
aller beteiligten Dichter:innen entsteht und in dem sich die
jeweils einzeln verfassten Strophen nach strengen Regeln
aufeinander beziehen. Während das japanische Renga in
seiner poetischen Anlage aus einer Verkettung von Tanka
besteht, einer lyrischen Kurzform mit fünf Versen, wählen
die vier Dichter in Paris für ihr Kettengedicht allerdings die
wohl klassischste Form abendländischer Lyrik: das Sonett.

---

1 Jacques Roubaud, «La tradition du renga», in: Octavio Paz, Jacques
Roubaud, Charles Tomlinson, Edoardo Sanguineti, *Renga*, Paris: Galli-
mard 1971, S. 33.
2 Ebd., S. 33.

range {{en}}. Als kollektives Kettengedicht verkörpert das traditionelle Renga ein ganzes Spektrum poetischer Dynamik. Zurückblicken, Vorwärtsgehen, Bezugnehmen, Ausschreiten, Innehalten, Verschränken, Weitertreiben. Mit dem Experiment von 1969 wird dieser Dynamik eine weitere Bewegungsform hinzugefügt. Schon, indem das Pariser Kurzzeitkollektiv ein räumlich und zeitlich fernes Schreibkonzept in ihr eigenes lyrisches Setting und ein ur-europäisches Formkorsett übertrug, es sich das Renga als «System zur Hervorbringung poetischer Texte» also anverwandelte und verfremdend aneignete, operierte es Paz zufolge im Modus der «Übersetzung».[3] Hinzu kamen im Entstehungsprozess von *Renga* ganz buchstäbliche Übersetzungsnotwendigkeiten und -vorgänge, denn das Kettengedicht der temporären Dichtergemeinschaft ist viersprachig: Jeder der Autoren schreibt in *Renga* in seiner Werksprache, Paz auf Spanisch, Roubaud auf Französisch, Sanguineti auf Italienisch und Tomlinson auf Englisch. Nach einer festgelegten Reihenfolge steuerte jeder der vier Schreibenden zu jedem der *Renga*-Sonette eine Strophe bei, sodass das Weiterdichten zugleich ein permanentes Übersetzen der spanischen, französischen, englischen, italienischen *cues* erforderte, auf die es im eigenen Dichten zu reagieren galt – von denen es hinüberzusetzen galt.

negar {{es}}. Wie nun lässt sich *Renga* übersetzen? Für die drei 1971 und 1972 erschienenen Ausgaben bei Gallimard, Braziller und Mortiz griffen die Autoren Paz, Roubaud und Tomlinson auf eine für dieses Werk erstaunliche, weil durch und durch konventionelle Methode zurück: Sie übersetzten die Sonette jeweils (allein) in eine (ihre) Sprache. Die Spuren des Spiels, der Verkettung, der

---

3 Octavio Paz, «Centre mobile», in: ebd., S. 20.

Verwirrung, der unerwarteten Sprünge und Anschlüsse zwischen den Sprachen und Stimmen wurden auf diese Weise nachträglich abgetönt, in Watte gepackt, zugedeckt, versteckt, verneint. Eugen Helmlé beschritt gut zehn Jahre später mit seiner Übersetzung ins Deutsche den gleichen Übersetzungsweg – seinem im Vorwort geäußerten Unbehagen gegenüber dieser reduktionistischen Übertragungsform zum Trotz. In Helmlés frühem Zweifeln hallte die Frage weiter: Wie lässt sich *Renga* übersetzen? Beziehungsweise: Wie lässt sich *Renga* als das Verknüpfungsspiel, Stimmenspiel, Sprachenspiel, Übersetzungsspiel übersetzen, als das es entstand und als das es sich liest?

garne {{de}}. Hannes Bajohrs *RENGA ANGER* ist Produkt und Zeugnis einer konzeptuell-translatorischen Auseinandersetzung mit dem viersprachigen Dichtungsexperiment, die im Herbst 2020 anlässlich des Formats *Translation Games* stattfand.[4] Aus dem Fundus aller vorhandenen *Renga*-Verse – in Original wie in Übersetzung – generiert Bajohrs JavaScript-Renga-Generator unter *http://n9.cl/renga* dynamisch eine Unzahl von Sonetten neu. Dieses Skript lässt das Original als Übersetzung spielen, spielt es in seinen Übersetzungen durch, webt es weiter, verflicht es neu. War Jacques Roubaud als Vertreter von Oulipo 1969 für

---

4 Realisiert wurde *Translation Games* als Teil des Transferprojekts *MOTDYNAMO* am Exzellenzcluster *Temporal Communities: Doing Literature in a Global Perspective* in Kooperation mit dem Literarischen Colloquium Berlin und *TOLEDO – Übersetzer·innen im Austausch der Kulturen*, konzipiert von Anna Luhn und Lena Hintze. Gefördert durch die Deutsche Forschungsgemeinschaft (DFG) im Rahmen der Exzellenzstrategie des Bundes und der Länder innerhalb des Exzellenzclusters Temporal Communities: Doing Literature in a Global Perspective – EXC 2020 – Projekt-ID 390608380. Siehe auch: https://www.temporal-communities.de/explore/listen-read-watch/translation-games.

die Festlegung der Regeln zuständig, nach denen Paz und Co. ihr *Renga* strickten, zitiert und potenziert auch Bajohr mit seinem Übertragungsexperiment einen oulipotischen Klassiker: Zirka 10^{120} Sonette pro Sprache stehen in seiner *Renga*-Übersetzung den 10^{14} Sonetten von *Cent mille milliards de poèmes* gegenüber, die Raymond Queneau 1961 veröffentlichte.

Damit beginnt die mehrstufige «Seitwärtsübersetzung» (Bajohr) von *Renga* in RENGA ANGER mit einer Anknüpfung: Einer Neuverknüpfung nämlich der originalen, mehrsprachigen Verse zu einer neuen *Renga*-Reihe, die – der Anordnung im Original gemäß – ebenfalls sieben viersprachige Sonette enthält. Auch dieses *sampling* ist eine Potenzierung des poetischen Spiels der vier Dichter im Hotelkeller. Indem die an Verse gebundenen Sprachen in ihrer Neuanordnung nicht mehr Strophe auf Strophe, sondern Vers auf Vers, Schlag auf Schlag folgen, macht Bajohr gerade das vielleicht wesentlichste Formmerkmal, das in den (Selbst-)Übersetzungen der Autoren unter die Walze der Einsprachigkeit und ihrer suggerierten Verständlichkeit geriet, zum Leitmotiv seiner Übertragung: die Verwebung, die Verflechtung, die Verknotung der vier Gedichtsprachen in einem Sonett.

grane {{it}}. Wie zuvor verabredet, verfassten Paz, Roubaud und Tomlinson im Nachgang ihrer *Renga*-Unternehmung noch ein ‹einstimmiges›, ein Solo-Sonett, das sie jeweils einer der vier Sonett-Reihen des Kollektivwerks als abschließendes Gedicht hinzufügten. Edoardo Sanguineti blieb als Einziger der ursprünglichen Schreibgemeinschaft dieses Finalgedicht schuldig, sodass die ungerade Zahl von 27 *Renga*-Sonetten ($4 \cdot 6 + 3$) auf sein Konto geht. Vielleicht lässt sich diese Leerstelle, ebenso wie das Fehlen einer italienischen Übersetzung des Zyklus, als die stille Verweigerung einer Reduktionsbewegung lesen, die vier Stimmen in eine einstimmige Synthese überführt und Vielsprachigkeit in eine einsprachige Übersetzung auflöst. *Piantare grane*: Sanguinetis Schweigen stört die Symmetrie, macht Ärger, *anger*. Bajohr mischt im zweiten Schritt seiner Seitwärtsübersetzung die Verse der einzelsprachigen Übersetzungen neu, mischt sie durcheinander, mischt sie auf: Wo Sanguineti mit Absenz frappiert, setzt *RENGA ANGER* gegen die Verknappung, die in der einzelsprachlichen Übersetzung notwendig liegt, eine ungeheure, unmäßige Masse an möglichen neuen, einsprachigen Sonetten, eine poetische Aufschüttung, Überschüttung. Provokative Kompensation durch eine verdoppelte und verdreifachte, eine ver-x-fachte Übersetzung.

nager {{fr}}. In einem vielleicht nur scheinbaren Widerspruch zu der Rigidität eines strengen Regelwerks, das sich die *Renga*-Poeten aufgaben, beschrieben sie ihre gemeinsame Schreibaufgabe als einen Prozess des Fließens, des Eintauchens der einzelnen Stimme im gemeinsamen Gedichtlauf, ohne dass damit ein Auflösen gemeint wäre: *Renga* als ein 27-sonettiger Fluss mit unterschiedlichen Strömungsbewegungen und -geschwindigkeiten, Abzweigungen und Zuläufen. Kein ruhig fließendes Gewässer, sondern ein Zusammenfluss voller Wirbel und Turbulenzen – *confluence*, schrieb Paz. In der dritten und letzten Stufe seiner Seitwärtsübersetzung kompiliert Bajohrs Generator neue, flüchtige *Renga*-Sonette aus allen historischen Übersetzungen: Tomlinsons englische, Roubauds französische, Paz' spanische und Helmlés deutsche Übersetzung bilden den Pool (den *swimming pool*) für ein finales Übersetzungsrenga. Ein Sprachstrudel, in dem Stimmen und Sprachen nicht nur durcheinanderschwappen, sondern miteinander Versteck, Scharade und Pingpong spielen: Roubauds Französisch antwortet in Tomlinsons Englisch auf Paz' spanische Version von Sanguinetis Italienisch, Paz' Spanisch in Helmlés Deutsch auf Tomlinsons Englisch in Roubauds Französisch, und so weiter und so fort. Wer (und was) bezieht sich hier eigentlich nochmal auf wen (und was)? Aus dem Kettengedicht wird ein Knäuelgedicht, hier spricht jeder mit jedem, und auch im Chor, und manchmal wiederholt man sich. Ist die französische Version eines englischen Verses seine Wiederholung?

«There is no-one now in the underground room» heißt es in *RENGA ANGER* auf S. 66, das sagt Tomlinson, aber eigentlich sagt es wohl Paz, aber der sagt es anders. Die Bajohr'schen Übersetzungspermutationen, von denen nur eine mikroskopisch kleine Auswahl im vorliegenden Band zu lesen ist, setzen tatsächlich niemanden im *underground room* fest, sondern werfen das *Renga* und seine Stimmen zurück in den *flow*. Es handle sich, so Paz, bei *Renga* nicht um eine buchstäbliche Übersetzung des japanischen Renga, «sondern um seine Metapher, um eine seiner Möglichkeiten, einen seiner Avatare.»[5] Bajohrs proliferierende, sich verwickelnde Übersetzungen lassen diese Möglichkeiten weiterströmen. *RENGA ANGER*: in unzähligen, vielsprachigen *Renga*-Anagrammen schwimmen.

Anna Luhn

---

5 Octavio Paz, «Centre mobile» (Anm. 3), S. 20.

Hannes Bajohr ist Autor, Philosoph und Literaturwissenschafter. Zusammen mit Gregor Weichbrodt bildet er das Textkollektiv für digitale konzeptuelle Literatur *0x0a*. Derzeit ist er Junior Fellow am Collegium Helveticum in Zürich. Zuletzt erschienen: *Weisheit und Wiederholung* (Berlin 2021) und *Schreibenlassen. Texte zur Literatur im Digitalen* (Berlin 2022). hannesbajohr.de | 0x0a.li

Anna Luhn ist Literaturwissenschafterin mit einem theoretischen wie praktischen Faible für experimentelle Übersetzungsformen, transdisziplinäre Forschungsformate und Avantgarde-Poetiken. Publikationen: *Spiel mit Einsatz. Experimentelle Übersetzung als Praxis der Kritik* (Wien/ Berlin 2022); *Überdehnung des Möglichen. Dimensionen des Akrobatischen in der Literatur der europäischen Moderne* (Göttingen 2022).

edition taberna kritika
Neuerscheinungen 2021/22

Daniele Pantano
HIMMEL-BIMMEL-BAM-BAM
ISBN 978-3-905846-66-9

Jasmin Meerhoff
Knoten und Bäuche
ISBN 978-3-905846-65-2

Sebastian Winkler
texere [weben]
ISBN 978-3-905846-64-5

Hartmut Abendschein
Hartmann
ISBN 978-3-905846-63-8

René Luckhardt
Zwangsverwandtschaften
ISBN 978-3-905846-62-1

Christoph Simon
Die Dinge daheim
ISBN 978-3-905846-61-4

Ausführliche Informationen über unsere
Neuerscheinungen und das Gesamtprogramm finden Sie im
Internet unter www.etkbooks.com

edition taberna kritika
Gutenbergstrasse 47
CH - 3011 Bern
Tel.: +41 (0) 77 425 2 180
info@etkbooks.com | http://www.etkbooks.com